DE
L'UNITÉ EUROPÉENNE.

DE

L'UNITÉ EUROPÉENNE.

PARIS,

CHEZ TRUCHY, LIBRAIRE,

Boulevard des Italiens, 18.

1840.

Aux difficultés si graves de la situation qu'a faite à la France le traité du 15 juillet on n'a présenté jusqu'ici d'autre solution que *le parti de la guerre* ou *le parti de la paix*. Et cependant, si l'on examine mûrement les chances probables de l'un et de l'autre parti, il semble que, pour la France, isolée à l'encontre de l'Europe coalisée, la guerre ne peut être qu'une guerre *sans espoir*, et que la paix ne peut être qu'une paix *sans honneur* : en sorte que ni la paix ni la guerre n'offrent à la France la solution désirée.

Et si, d'un autre côté, on étudie atten-

tivement la position de l'Europe, on re-
connaît que pour elle, non moins que
pour la France, la guerre, aussi bien que
la paix, même la guerre la plus heureuse,
même la paix la plus fière, doivent, si-
non immédiatement, du moins dans un
avenir prochain, amener d'immenses
embarras. Pour l'Europe comme pour
la France, il faut autre chose que paix
ou guerre.

C'est qu'en effet ces deux grands actes
de la vie des nations, la guerre et la paix,
du moins à prendre ces mots dans leur
acception accoutumée, appartiennent
à un ordre de choses qui a presque cessé
d'exister. Ils appartiennent à ce système
de relations internationales dans lequel
chaque peuple, ayant une existence tout
individuelle, est lui-même son premier
protecteur, le juge de ses intérêts et de
son droit, le vengeur de ses torts.

J'ai dit que ce système avait presque cessé d'exister. En effet, dès la fin du quinzième siècle, la naissance du système de l'équilibre européen et de la diplomatie a marqué, pour les peuples de l'Europe, le commencement de leur association. Cette association s'est développée à deux époques mémorables, par le traité de Westphalie au dix-septième siècle, par ceux de Vienne au dix-neuvième. Elle n'a cessé de se consolider et de grandir pendant les vingt-cinq dernières années par les congrès et les conférences, et il ne lui reste plus aujourd'hui qu'à recevoir une dernière et définitive organisation.

La difficulté qu'éprouve aujourd'hui la France et l'Europe de retourner aux habitudes du vieil individualisme national, *au régime de paix et de guerre*, annonce que ce grand événement est proche, en même temps qu'elle en doit hâter la réalisation. Désormais il faut aux peuples un centre à leurs efforts, un arbitre à leurs différends, et s'il est encore nécessaire que parfois ils combattent, au moins leur faut-il un juge du combat.

Cette dernière organisation de la confédération européenne m'a paru la seule issue possible, mais aussi l'issue inévitable, de la crise qui travaille en ce moment la France et l'Europe. C'est dans cette pensée que j'ai cru faire œuvre utile en offrant à tous ceux qui s'intéressent à la marche des affaires humaines quelques considérations relatives aux faits et aux combinaisons qui peuvent en ce moment contribuer au développement de l'unité européenne.

GUSTAVE D'EICHTHAL.

PREMIÈRE NOTE.

DE LA SYRIE
DANS SES RAPPORTS AVEC L'UNITÉ EUROPÉENNE.

12 décembre 1840.

La Syrie domine les deux grandes communications de la Méditerranée avec l'Inde, celle par la mer Rouge, et celle par l'Euphrate. Elle commande au nord l'Asie Mineure, au sud l'Égypte et l'Afrique. C'est ce qui a fait dire à l'auteur du Voyage militaire dans l'empire ottoman, que la Syrie, lorsque le commerce de l'Orient aurait repris son cours naturel, deviendrait ou redeviendrait le centre de l'ancien monde.

Non-seulement la Syrie est ce point dominant que nous venons de dire, elle est encore, par les montagnes qui s'y ramifient, par les déserts qui l'entourent au sud et à l'est, une sorte de forteresse; c'est dans le réduit de cette forteresse, dans la Palestine, dans Jérusalem, qu'un petit peuple a pu, pendant bien des siècles, défendre son indépendance contre les forces colossales de la Chaldée, de la Perse, de l'Égypte, et lutter contre les Romains eux-mêmes jusqu'à l'époque de Vespasien. C'est aussi de ce point central entre l'Orient et l'Occident, entre l'Asie, l'Afrique et l'Europe, que se sont répandus sur le reste du monde, par les Phéniciens et les Israélites, le commerce, les lettres, et surtout les doctrines religieuses, qui sont devenues la base de nos sociétés modernes.

C'est sur cette terre que les chrétiens et les musulmans sont venus, au moyen âge, lutter pendant plusieurs siècles; et c'est de là que, pour la deuxième fois, une civilisation nouvelle s'est répandue sur l'Occident.

Si la position géographique de la Palestine
est impérissable; si elle offre toujours les mêmes
avantages, chaque fois que les relations de
l'Orient avec la Méditerranée reprennent leur
vivacité, les souvenirs de sa mission religieuse
ne semblent pas moins indestructibles. Pour
les musulmans, Jérusalem est toujours la
ville sainte (*el kods*). La mosquée d'Omar s'y
élève sur les ruines de l'ancien temple; et au-
près de la mosquée, l'église de Sainte-Sophie
se partage entre les catholiques et les diverses
sectes des chrétiens orientaux. Les protes-
tants commencent à y bâtir leurs chapelles,
et la synagogue s'y cache dans une retraite
obscure, attendant que les firmans d'Abdul-
Méjid lui permettent de relever la tête.

Ainsi Jérusalem, après avoir été le berceau
de la foi religieuse de tant de peuples divers,
devient aujourd'hui le sanctuaire dans lequel se donnent rendez-vous ces nombreux
enfants auxquels elle a donné le jour. Elle a
enseigné la *foi* au monde ; et voici qu'elle
devient maintenant un symbole et un moyen
de *conciliation* et de *tolérance* pour tous
ces cultes, si longtemps ennemis, et qui essaie-

raient vainement de méconnaître, en présence de leur mère commune, la fraternité qui les unit.

Cette Syrie, dont nous venons de retracer en peu de mots la topographie et l'histoire, se trouve être le sujet des dissentiments qui séparent en ce moment la France et les autres grandes puissances de l'Europe.

Jusqu'ici, cependant, la cause avouée du débat n'a été qu'une querelle de territoire entre le sultan et son pacha rebelle. Les grands intérêts qui se rattachent à la Syrie n'ont pas été, officiellement du moins, mis en discussion, quoique, en réalité, ce fût d'eux qu'il s'agît, car autrement le débat n'aurait pas amené d'aussi graves complications.

Ce qu'il y avait en première ligne dans la question de Syrie, c'était le moyen d'assurer les communications de la Méditerranée avec la mer Rouge et le golfe Persique. Pour l'Angleterre, en particulier, l'existence de ces communications est, on le sait, une question vitale. Il est vrai que, dans tous les actes diplomatiques, il ne s'est jamais rencontré même un mot sur ce sujet; mais son importance est claire pour tout le monde, et la presse anglaise elle-même ne s'est pas fait faute, dans plusieurs circonstances, d'exposer complétement quels étaient, à cet égard, les intérêts et les nécessités de l'Angleterre.

Ce qu'il y avait en seconde ligne dans la question de Syrie, quoique d'une manière bien moins sérieuse pour le présent, c'était le désir de rendre aux nations occidentales leur part dans la possession religieuse de la Palestine. Ainsi, dès l'année dernière, une pétition avait été solennellement présentée au roi de Prusse, dans le but de provoquer la formation d'un état chrétien à Jérusalem. Ainsi, dans plusieurs assemblées de biblistes anglais, on a discuté vivement la question de savoir s'il ne fallait pas rappeler les Israélites dans la Palestine, pour y pratiquer le culte de leurs pères : ce qui n'excluait pas la pensée d'avoir en eux de précieux facteurs pour le commerce anglais avec l'Orient. On sait que *le Globe* publia dans ce sens un article qui avait eu certainement l'approbation de lord Palmerston, et qui fut reproduit par *le Constitutionnel* avec la qualification de *puff politique.* Ainsi, il y a peu de jours encore, *le Standard,* dans l'article qu'il publia sur la convenance, pour l'Angleterre, d'occuper l'île de Chypre et Saint-Jean-d'Acre, disait, « que l'occupation de la Syrie par l'Angleterre commençait la régénération de cette contrée, la plus *vénérable* et la plus *intéressante* de la terre. »

On dira sans doute que, de la part de la presse et des hommes politiques anglais, ce langage n'est pas sincère; qu'il ne sert qu'à couvrir des vues ambitieuses et des projets d'agrandissement ou d'influence que l'on n'ose pas hautement avouer.

Cela est vrai jusqu'à un certain point. Mais la question n'est pas précisément de juger le plus ou moins de sincérité personnelle des hommes qui emploient ces arguments; la question est de savoir quel appui ce langage rencontre dans l'opinion publique, et s'il est une expression fidèle de cette opinion. Que de fois n'a-t-on pas dit que l'abolition de la traite des noirs n'avait été, de la part du gouvernement anglais, qu'un simple calcul politique? Pour qu'elle ait pu réussir, cependant, il a fallu qu'elle fût soutenue par les convictions religieuses de la nation; et il est encore plus vrai de dire que ce sont ces convictions elles-mêmes qui ont d'abord provoqué la mesure à laquelle le gouvernement anglais s'est résigné d'abord, et dont il ne s'est fait une arme que plus tard.

Dernièrement encore, lorsque lord Palmerston est intervenu en faveur des Israélites de Damas, peut-être n'était-ce de sa part ni intérêt philanthropique ni sympathie biblique; peut-être ne voulait-il que faire un acte contraire à l'influence française, favorable à l'influence anglaise dans le Levant. Mais il a su s'appuyer sur des sentiments très-vifs dans le cœur de la plupart des Anglais; et tandis que la France, malheureusement inspirée, se montrait cette fois infidèle à la cause de l'humanité et des lumières, lord Palmerston profitait de cette faute pour faire une démarche qui a honoré le nom anglais et accru sa considération dans l'empire ottoman et dans l'Europe entière.

Ce qui s'est passé pour la question des

noirs, pour la question de Damas, se reproduira, on peut le prédire, pour la question de Syrie. Les immenses intérêts qui sont au fond de cette question finiront par se faire jour, par percer l'enveloppe diplomatique sous laquelle on essaye momentanément de les déguiser; et ceux qui s'en seront constitués les organes et les défenseurs l'emporteront sur ceux qui auront voulu les faire taire ou les combattre.

L'occasion se présente de régler d'une manière définitive la double coinmunication de la Méditerranée avec l'Orient. Il est possible de placer cette communication sous la surveillance et la garantie d'un centre européen qui ne demande qu'à se former dans la Palestine. La formation de ce centre lui-même serait une immense satisfaction donnée à l'esprit religieux qui commence à se ranimer de son affaiblissement des cinquante dernières années, et elle serait en même temps une consécration, un encouragement donné aux principes de tolérance et de conciliation définitivement introduits dans le monde par ces mêmes cinquante années, et qui sont devenus comme un élément nouveau de l'esprit religieux lui-même. Voilà ce qu'il y a en réalité au fond de la question de Syrie. Ce sont, si l'on veut bien y regarder, les intérêts les plus importants, les plus pressants même des nations européennes dans leur situation actuelle.

Et on croirait qu'il peut suffire de quelques atermoiements, de quelques faux-fuyants diplomatiques, pour faire avorter tout cet avenir, pour dérouter les intérêts qui en réclament l'accomplissement !

Parmi tous les manifestes parlementaires que la question d'Orient a provoqués dans les chambres françaises, celui qui, plus que tous les autres, offre les caractères d'un programme politique, est le rapport de la commission qui fut chargée, en 1839, d'examiner la demande de crédit des dix millions, rapport qui a été rappelé et développé par son honorable auteur dans la séance du 20 novembre dernier.

Après avoir exposé les intérêts divers qui se présentaient avec une apparence menaçante, soit au nord, soit au sud de l'empire ottoman, intérêt russe à Constantinople, intérêt anglais en Égypte, le rapport disait : « A cette situation, il n'y a qu'un remède, c'est de créer un concert européen, s'il est possible ; occidental, tout au moins, si le concert européen n'est pas possible, ayant pour base ce principe, que personne ne doit s'agrandir en Orient, et pour but de mettre l'Orient sous la garantie du droit public de l'Europe, et d'en régler d'une manière définitive la situation, en tenant compte des droits et des faits tels que les événements les donneront. »

C'était là une pensée d'une haute portée ; elle devait donner à la question d'Orient une face nouvelle, elle devait faire bien plus encore : en plaçant l'Orient sous la garantie du droit public européen, elle nécessitait une nouvelle élaboration de ce droit public lui-même ; elle appelait une constitution définitive de ce conseil amphictyonique européen qui, depuis l'époque du congrès de Vienne, tend de plus en plus à s'organiser ; elle fondait une hiérarchie européenne *.

---

* « L'Europe, vous le savez tous, est une confédération

Quant à la question d'Orient elle-même, en proclamant qu'il fallait tenir compte de tous les droits et de tous les faits, elle préparait une satisfaction aux intérêts mêmes que nous avons signalés.

Malheureusement, il semble que la commission n'avait pas senti toute la portée de la pensée qu'elle émettait; il semble qu'elle n'avait nullement songé aux conditions et aux conséquences nécessaires de sa réalisation. A cet égard, le commentaire que l'honorable rapporteur lui-même a donné à son travail, dans la séance du 30 novembre, ne peut laisser aucun doute sur la nature précise des intentions qu'il avait eu mission d'exprimer.

« L'intérêt de la France à Constantinople

monarchique; elle est gouvernée par cinq puissances. Quelle est l'origine de cette confédération? La sainte-alliance de 1815. Dans ce traité de la sainte-alliance, la France, qui était alors occupée, n'avait pas été comprise. Elle y fut admise en 1818, par le traité d'Aix-la-Chapelle. C'est cette confédération qui prend son principe dans le traité de 1815, qui a été complétée par le traité de 1818, qui s'est continuée depuis sous forme de congrès, et, après 1830, sous forme de conférences. »

(*Discours* de M. Mauguin, du 2 décembre 1840.)

et en Égypte, a dit l'honorable rapporteur, était exactement le même. C'était un intérêt *purement négatif.* »

Et un peu plus loin il ajoute :

« Voilà l'intérêt direct qu'avait l'Angleterre dans la question égyptienne, et vous savez l'intérêt qu'avait la Russie dans la question de Constantinople.

« Eh bien ! nous n'avions d'autre intérêt, dans cette double question, que celui de ne pas permettre l'augmentation d'influence, soit de la Russie à Constantinople, soit de l'Angleterre dans le sud de l'empire ottoman : c'était un *intérêt négatif, purement négatif;* et cet intérêt subsiste toujours. »

Il y a bientôt quarante ans qu'un illustre écrivain a dit des Turcs *« qu'ils avaient été destinés à posséder inutilement le plus bel empire de la terre.* » Cette espèce d'anathème tend aujourd'hui à s'effacer; la civilisation et la vie commencent à se ranimer sur ces bords qu'elles avaient depuis longtemps abandonnés. Non-seulement la Russie, l'Angleterre, l'Autriche cherchent à se frayer à travers l'empire ottoman des voies nouvelles; cha-

cune de ces puissances, dans son propre intérêt, et pour trouver un appui à ses projets,
accorde sa protection à quelqu'une des populations sujettes de l'empire, ou travaille à
régénérer l'empire lui-même. La Russie en-
courage la séparation définitive des anciens
rayas du nord et de l'ouest. L'Angleterre
vient d'affranchir les populations du Liban;
elle a fait rendre justice aux Israélites oppri-
més; elle a obtenu des musulmans un acte de
tolérance religieuse, éminent même pour notre époque. Le hatti-shérif de Gulhané a in-
troduit, dans le droit de l'empire, les principes de la liberté, de la justice, de l'admi-
nistration européenne. Les marins anglais
guident les vaisseaux turcs. L'Euphrate est
exploré ; une navigation à vapeur s'organise
sur son cours. Les côtes de la mer Rouge re-
çoivent des garnisons anglaises. L'Autriche,
qui, par le Danube et l'Adriatique, enserre
la Turquie, se joint à ce mouvement: ses
officiers vont instruire les troupes du sultan;
les bateaux à vapeur partis de Vienne et de
Trieste se rencontrent dans les ports de
l'Égypte et de la Syrie; tous les arrange-

ments sont pris pour rattacher cette double ligne de navigation, et peut-être aussi celle du Danube à Trébizonde, au service que l'Angleterre organise sur l'Euphrate. L'union des douanes allemandes accourt elle-même pour signer avec la Turquie un traité de commerce. L'Autriche obtient de la Russie l'application aux eaux du Danube des principes de libre navigation que le traité de Vienne a stipulés pour les autres fleuves de l'Europe. Enfin, nous avons déjà dit qu'on observait les premiers symptômes d'une protestation de l'esprit religieux européen en faveur de la Palestine.

En face de ce mouvement, est-il donc possible pour la France de n'avoir, comme on le propose, qu'une politique *d'empêchement,* une politique *purement négative?* La France peut-elle oublier que c'est elle-même qui, indirectement par le contre-coup des doctrines et des bouleversements de sa révolution, directement par les expéditions de Bonaparte en Égypte, et de la restauration en Grèce, a, la première, provoqué ce mouvement? Est-elle donc décidée à se clore hermétiquement derrière ses frontières? a-t-elle abdiqué toute idée de relations avec la moitié orientale du globe, pour qu'elle doive regarder la régularisation des communications entre la Méditerranée et la mer des Indes comme un intérêt purement russe, ou purement anglais, et qu'elle n'ait rien de mieux à faire que de contrarier? La France, qui a toujours été à la tête du mouvement progressif, doit-elle se transformer tout à coup en un champion passionné du *statu quo?* Le développement de la civilisation dans l'empire ottoman est-il un fait qui ne doive provoquer que ses regrets ou sa résistance? Doit-elle se réduire désormais à une politique de *négation* et d'empêchement, c'est-à-dire à une politique *d'impuissance* et *d'envie ?*

Qu'à Dieu ne plaise !

Mais l'indication de cette politique négative n'est pas seulement une erreur en elle-même, elle est aussi une grave inconséquence. Elle contredit de front le principe général présenté par le rapport de 1839, comme devant servir de base à la politique française dans la question d'Orient.

On a d'abord affirmé que le seul moyen d'échapper aux difficultés de cette question était de provoquer, pour la régler, un concert européen. On a convié, en conséquence, à une délibération commune, la Russie, qui a un intérêt au nord de l'empire ottoman; l'Angleterre, qui a un intérêt au sud; l'Autriche, qui a un intérêt dans toute l'étendue de cet empire. La Prusse, il est vrai, est désintéressée, mais elle doit se ranger du côté de ces puissances plutôt que du nôtre. Puis après que vous avez ainsi réuni ces puissances, dont trois ont un intérêt immense dans la question; après que vous les avez mises, pour ainsi dire, en demeure, et aussi en mesure de s'entendre pour le règlement de ces intérêts, la pensée avec laquelle vous abordez cette conférence organisée par vous-même, c'est une pensée *purement négative,* une pensée qui se réduit à refuser toute satisfaction aux intérêts que ce concert, provoqué par vous, n'a pu avoir d'autre but que d'arranger et de concilier. L'inconséquence de cette double politique est évidente. Elle devait porter ses fruits; elle les a portés. La pensée du *con-*

cert européen a donné naissance à la note collective du 27 juillet 1839. La pensée de la *politique négative* a donné naissance au traité du 15 juillet 1840.

« Comme nous avons été un obstacle pour tout le monde, a dit un orateur; comme nous n'avons été utilités pour personne, tout le monde s'est réuni contre nous. Voilà le résultat de notre politique, et voilà pourquoi, suivant moi, le traité du 15 juillet a été conclu. »

Cependant on a eu raison de dire que dans les événements accomplis tout n'était peut-être pas à déplorer; que notre isolement momentané pouvait amener plus tard des conséquences heureuses; que, seuls, nous étions plus rapprochés du reste de l'Europe que nous ne l'étions auparavant lorsque nous nous trouvions engagés dans les liens de l'alliance anglaise. Avant de nous rattacher franchement à cette grande famille européenne hors de laquelle il n'y a pas pour nous d'existence possible, mais dans laquelle cependant nous ne pouvons occuper qu'une place de frère et non point de maître; avant de renoncer pour jamais à cette position isolée que nous avons si longtemps et si glorieusement remplie, nous devions essayer de nous retrancher même dans l'alliance de notre antique rivale. Il a fallu que cette dernière illusion s'évanouît, pour achever de vaincre notre répugnance, et pour nous décider à accepter notre communauté nouvelle avec l'Europe.

Récemment encore on a longtemps disserté sur le choix de l'alliance qu'il conviendrait à la France d'adopter ; on a mis en balance l'alliance anglaise, la russe, l'autrichienne. La vérité est que désormais aucune de ces alternatives n'est possible. Le temps des alliances isolées, des coalitions partielles est à jamais passé. Ces alliances partielles étaient le résultat nécessaire d'un ordre de choses dans lequel les questions de territoire, de suprématie politique, de liberté de croyances n'étant pas encore réglées, il y avait une lutte perpétuelle entre les intérêts opposés pour arriver à un arrangement définitif et à une conciliation. Les événements de la révolution française et les traités de Vienne, ayant eu précisément pour effet d'établir d'une ma-

nière plus ou moins complète cet arrangement et cette conciliation , les anciennes que-
relles et les combinaisons politiques auxquel-
les elles donnaient lieu ne peuvent plus se
reproduire. La circonscription territoriale
des divers États européens, la prépondérance
et la confédération des cinq grandes puissances, l'association, au sein de cette confédération, des diverses croyances religieuses
appropriées au génie des divers peuples de
l'Europe; tous ces points ayant été décidés
dans leurs rapports les plus essentiels, par les
traités de 1815 , sont devenus la seule base
possible d'une politique nouvelle. Le reste est
de l'histoire ancienne.

Sans doute, même dans cet ordre nouveau, il faut s'attendre à ce que les guerres
continueront d'exister, mais elles change-
ront de caractère. Ce ne seront plus des
guerres de conquêtes ou de rivalités; ce seront des guerres de *police*, telles qu'ont
été celles mêmes que nous avons vues depuis 1815, et qu'on a appelées des *expéditions :* expédition d'Espagne, de Portugal,
de Grèce, d'Alger, de Belgique, du Mexique,

de la Plata, et, en dernier lieu, celle de Syrie,
la seule qui n'ait pas été faite par la France.
La guerre tend donc à prendre un caractère
amphictyonique.

L'Europe est devenue aujourd'hui un ensemble organique que les convictions mo-
rales, les lettres, les sciences, les arts, les intérêts industriels et commerciaux animent
d'une vie commune, en dehors de laquelle
aucune nation ne peut plus se développer, ni
même subsister. Et il est évident que cette
unité, qui s'étend déjà sur une grande partie
de notre globe, ne peut tarder à l'embrasser
tout entier. Il en est de la société humaine
comme de tous les corps organiques, chez
lesquels la vie est fractionnée, et en quelque
sorte anarchique, dans les premiers âges, et
tend au contraire à l'unité et à l'harmonie à
mesure que le corps se développe. Déjà, à la
fin du seizième siècle, les tendances d'unité
européenne étaient devenues si sensibles, que
Henri IV put concevoir l'idée de sa *républi-
que chrétienne*, et que cette idée ne tarda
pas à recevoir un commencement de réalisation par la conclusion du traité de Westpha-

lie, et la fondation du système de l'équilibre
européen. Ce dernier système, devenu insuf-
fisant, démoli par les commotions de la révolution française, fut remplacé par les stipulations du congrès de Vienne, stipulations
qui établirent un règlement nouveau des relations politiques de l'Europe, et qui furent
complétées par le traité de la sainte-alliance,
dont les monarques signataires s'engagèrent
à se considérer désormais comme des *com-
patriotes*, comme les membres d'une *même
nation chrétienne*, et se promirent mutuel-
lement de diriger leurs peuples dans le même
esprit de fraternité dont ils étaient eux-mêmes animés. Nous avons déjà dit comment,
depuis vingt-cinq ans, ce lien européen n'a
fait que se fortifier, et cela par les événements
mêmes qui semblaient devoir l'anéantir.
Croire qu'il puisse disparaître aujourd'hui,
c'est croire que les besoins si impérieux qui
l'ont créé peuvent cesser d'agir sur les nations européennes; c'est croire que la vie de
l'homme mûr peut retourner tout à coup
aux mouvements convulsifs et désordonnés
de l'enfance; c'est croire que l'unité nationale

qui s'est établie par tant d'efforts chez les divers peuples européens peut, tout à coup, faire place à l'ancien fractionnement des territoires et des populations. En un mot, c'est méconnaître la loi commune de tous les êtres vivants.

C'est donc au sein de cet ensemble que la France doit à l'avenir trouver sa destinée. Il faut qu'elle dise adieu à cette sauvage indépendance de la jeunesse qui, si longtemps, a fait sa force et sa gloire; et si cette nécessité a d'abord pour elle quelque chose de douloureux, il faut qu'elle s'en console en songeant que, pour les peuples comme pour les individus, *l'association* est la condition indispensable de leur développement et de leur puissance. Le rôle que la France a rempli dans le passé, et qui est celui que sa nature même lui assigne, elle doit continuer de le remplir dans l'avenir; mais elle le fera avec d'autant plus de gloire et de succès que, dans cette œuvre, elle aura pour elle la coopération de ses voisins, au lieu d'avoir contre elle leur défiance ou leur hostilité.

Jusqu'ici, cependant, l'organisation de la

confédération européenne n'avait pu être que provisoire : la communication régulière entre l'Orient et l'Occident, le lien moral et matériel de ces deux moitiés du globe, n'était pas établi ; la Syrie demeurait encore une terre morte. L'unité terrestre, véritable condition d'une unité européenne plus parfaite, n'était encore qu'à l'état de germe.

Le traité du 15 juillet et les événements qui l'ont suivi ont amené à cet égard des conditions nouvelles.

Pour la première fois, depuis le moyen âge, la Palestine est devenue le but central de la politique européenne; tous les intérêts, tous les souvenirs qui s'y rattachent se sont réveillés.

La question des communications entre la Méditerranée et l'Orient s'est présentée à tous les esprits. L'importance morale du centre religieux qui existe en Palestine, moins sensible dans l'état actuel des opinions, a cependant été aperçue et signalée. Enfin, le consentement des nations européennes défère la décision de cette question immense à la juridiction de ce conseil qui, depuis

vingt-cinq ans, règle les affaires de l'Europe,
qui a dans son sein les représentants de toutes les grandes races, de toutes les grandes
croyances européennes, et qui, cette fois,
s'est adjoint un représentant des Ottomans
et de l'islamisme.

Tant que la question de Syrie ne s'est présentée que comme une question de limites
entre un sultan et son pacha; tant que les
puissances européennes elles-mêmes ont af-
fecté de ne la traiter que sous ce point de
vue, la France a dû ne pas s'associer à des
efforts dont la tendance et l'issue lui parais-
saient également obscures. A des intentions
qu'elle ne partageait pas elle a dû se conten-
ter d'opposer une réserve inerte. Mais aujourd'hui que l'ancien ordre de choses est définitivement renversé en Palestine; que le
maintien, même nominal, du *statu quo*
n'est plus possible, il appartient à la France
de prendre l'initiative, ou, si peut-être d'autres l'ont déjà prise, d'intervenir de toute sa
puissance, pour que les grands intérêts mo-
raux et matériels dont la Syrie est le centre
soient réglés dans l'intérêt commun de tous

les membres de la famille européenne, et pour que de cet arrangement naisse une organisation plus complète et plus puissante de la confédération européenne elle-même.

Pour le moment, il suffirait de demander, (en laissant intacte la question de souveraineté) que le *principe de neutralité,* récemment stipulé en faveur de la Grèce et de la Belgique, *fût appliqué au territoire de la Palestine;* et que sur ce territoire, *le libre exercice de tous les cultes issus de la souche biblique,* qui déjà y existe en fait jusqu'à un certain point, et qui par le hatti-shérif de Gulhané est devenu une loi fondamentale de l'empire, *fût placé sous la garantie des grandes puissances européennes.*

Cette double clause, développée par les mesures destinées à en garantir l'exécution, assurerait en principe à l'association des peuples modernes les deux grands éléments de leur civilisation : sous le rapport matériel, *liberté* et *régularité* de la circulation entre les points les plus éloignés du globe ; sous le rapport moral, *union de la foi avec la tolérance religieuse.*

Plus tard, sans doute, et aussitôt que possible, il y aura quelque chose de plus complet à tenter. Lorsque, sous la protection des stipulations précédentes, un centre européen, ou plutôt asiatico-européen, aura commencé à se former dans la Palestine, il y aura lieu d'examiner par quelles combinaisons il sera possible d'en régulariser l'existence, et d'en encourager le développement. Et puisque ces combinaisons dépendront nécessairement du concours des gouvernements européens, il faudra examiner par quels moyens il sera possible de consolider et de perfectionner ce concours, et de constituer définitivement *l'unité européenne*, ou, pour nous servir d'un terme qui ne tardera pas à devenir plus vrai, *l'unité terrestre*. Ces considérations feront l'objet d'une autre note qui suivra celle-ci.

Nous sommes dans un siècle où les faits cheminent avec une rapidité inouïe; où ils ne tardent pas à devancer les prévisions les plus lointaines, et où le prophète n'a pas longtemps l'honneur de sa prophétie.

Déjà, s'il faut en croire un bruit public,

les considérations développées dans cette note auraient passé dans le domaine des transactions diplomatiques, puisqu'on aurait mis en discussion un *protectorat européen de la Syrie*, et que ce protectorat ne peut avoir d'autre but ni d'autres conditions que ceux qui viennent d'être présentés.

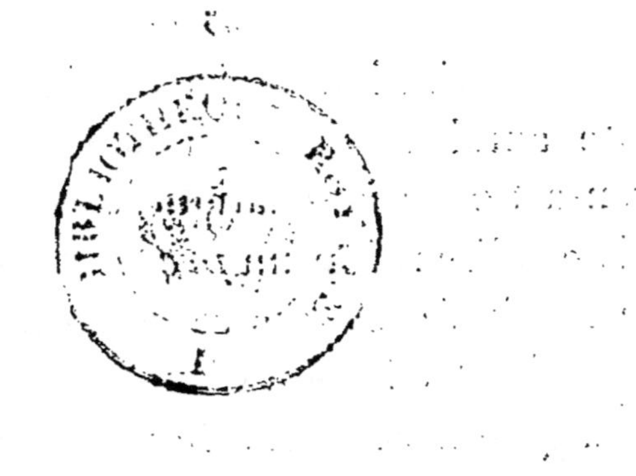

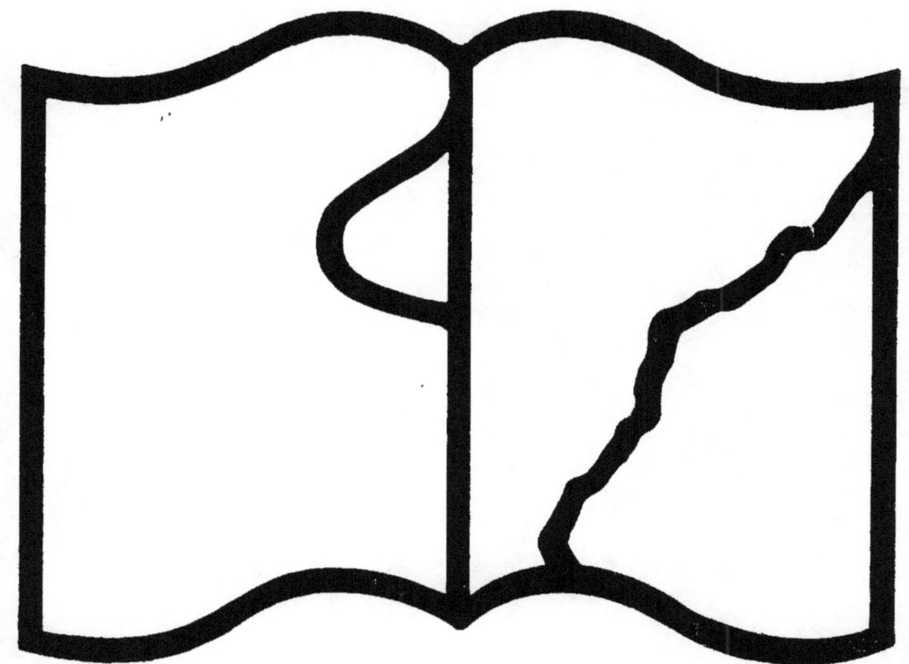

Texte détérioré — reliure défectueuse

NF Z 43-120-11